BEI GRIN MACHT SICH IHR WISSEN BEZAHLT

- Wir veröffentlichen Ihre Hausarbeit, Bachelor- und Masterarbeit

- Ihr eigenes eBook und Buch - weltweit in allen wichtigen Shops

- Verdienen Sie an jedem Verkauf

Jetzt bei www.GRIN.com hochladen und kostenlos publizieren

Bibliografische Information der Deutschen Nationalbibliothek:

Die Deutsche Bibliothek verzeichnet diese Publikation in der Deutschen National-
bibliografie; detaillierte bibliografische Daten sind im Internet über http://dnb.d-
nb.de/ abrufbar.

Dieses Werk sowie alle darin enthaltenen einzelnen Beiträge und Abbildungen sind urheberrechtlich geschützt. Jede Verwertung, die nicht ausdrücklich vom Urheberrechtsschutz zugelassen ist, bedarf der vorherigen Zustimmung des Verlages. Das gilt insbesondere für Vervielfältigungen, Bearbeitungen, Übersetzungen, Mikroverfilmungen, Auswertungen durch Datenbanken und für die Einspeicherung und Verarbeitung in elektronische Systeme. Alle Rechte, auch die des auszugsweisen Nachdrucks, der fotomechanischen Wiedergabe (einschließlich Mikrokopie) sowie der Auswertung durch Datenbanken oder ähnliche Einrichtungen, vorbehalten.

Impressum:

Copyright © 2017 GRIN Verlag
Druck und Bindung: Books on Demand GmbH, Norderstedt Germany
ISBN: 9783668971707

Dieses Buch bei GRIN:

https://www.grin.com/document/489923

Paulina Tiepermann

Kritische Analyse zur Monographie von Joel F. Harrington "Die Ehre des Scharfrichters – Meister Frantz oder ein Henkersleben im 16. Jahrhundert"

Monographieanalyse

GRIN Verlag

GRIN - Your knowledge has value

Der GRIN Verlag publiziert seit 1998 wissenschaftliche Arbeiten von Studenten, Hochschullehrern und anderen Akademikern als eBook und gedrucktes Buch. Die Verlagswebsite www.grin.com ist die ideale Plattform zur Veröffentlichung von Hausarbeiten, Abschlussarbeiten, wissenschaftlichen Aufsätzen, Dissertationen und Fachbüchern.

Besuchen Sie uns im Internet:

http://www.grin.com/

http://www.facebook.com/grincom

http://www.twitter.com/grin_com

Universität Bielefeld
Fakultät für Geschichtswissenschaft, Philosophie und Theologie
Abteilung Geschichtswissenschaft

Grundkurs „Kriminalität in der Geschichte – Teil I"
WS 2017

Kritische Analyse der geschichtswissenschaftlichen Monographie „Die Ehre des Scharfrichters – Meister Frantz oder ein Henkersleben im 16. Jahrhundert" von Joel F. Harington

Vorgelegt von:

Paulina Tiepermann

Elektronisch und in Papierform eingereicht am: 19. Oktober 2017
Abgabetermin: 09. Oktober 2017

Inhaltsverzeichnis

1. Einleitung —————————————————————— 3
2. Forschungsdesign und Grundlegendes ————————— 4
3. Inhaltlicher Bericht ——————————————————— 5
4. Kritik und Einordnung in den Forschungsdiskurs ————— 15
5. Fazit ——————————————————————————— 16

   Literaturverzeichnis

1. **Einleitung**

Das Werk „Die Ehre des Scharfrichters" von Joel F. Harrington, erzählt die Geschichte von Frantz Schmidt, eines Henkers aus dem 16. Jahrhundert aus der Freien Reichsstadt zu Nürnberg. Bis zum Ende seiner Karriere folterte und verstümmelte der Scharfrichter unzählige Menschen und vollstreckte 394 Hinrichtungen. Während seiner Berufstätigkeit von 45 Jahren fertigte Meister Frantz eine Art Tagebuch an, in dem er sein Leben als Henker sachlich dokumentierte. Diese Quelle nutzte der Autor, Joel F. Harrington. Zum Einen, um einen detailgenauen Einblick in das Leben des Henkers Frantz Schmidt, und somit in das Leben eines Henkers im 16. Jahrhundert, zu geben. Zum anderen, um „[...] die Reflexion über die menschliche Natur und den gesellschaftlichen Fortschritt[...]"[1] dieser Zeit zu eruieren. Harrington untersucht mit Hilfe der Quelle und umfangreicher Forschungen, welche Beweggründe es für den gesellschaftlichen Wandel, weg von gerichtlicher Gewalt durch Folter und Hinrichtung, gab. Neben den sozialwissenschaftlichen Aspekten, legt der Autor jedoch ein großes Augenmerk auf das individuelle Dasein des Scharfrichters, auf sein Denken, sein Gefühlsleben und auf seinen unentwegten Kampf die Ehre seiner Familie wiederherzustellen.[2]

Joel F. Harrington lehrt als Professor für Europäische Geschichte an der Vanderbilt University und hat sich auf die Sozialgeschichte Deutschlands in den Epochen der Reformation und der Frühen Neuzeit spezialisiert. Er war unter anderem Gastprofessor an der Universität Erlangen-Nürnberg.[3]

Das Ziel dieser Arbeit ist es, die vorliegende Monographie kritisch zu analysieren und zu würdigen. Zum Einstieg wird der bisherige Forschungsstand skizziert und die Quellengrundlage, sowie die Methoden des Autors und die Struktur des Buches vorgestellt. Darauf folgt ein inhaltlicher Bericht, welcher die wichtigsten Teilergebnisse der Studie vorstellt. Im Anschluss wird die Monographie, unter Hilfenahme verschiedener Rezensionen, in den Forschungsdiskurs eingeordnet. Ein Fazit mit kritischer Würdigung wird die Arbeit abschließen.

---

[1] Harrington, Joel F., Die Ehre des Scharfrichters. Meister Frantz oder ein Henkersleben im 16. Jahrhundert. München 2014: S. 22.
[2] Ebd.: S. 9-24.
[3] Bio of Joel F. Harrington, URL: https://divinity.vanderbilt.edu/people/bio/joelf-harrington [letzter Zugriff: 25.09.2017].

2. Forschungsdesign und Grundlegendes

Im folgenden Kapitel wird die Struktur des Buches und die Methoden des Autors beschrieben, sowie die Quelle genauer definiert und der Forschungsstand vorgestellt. Das Buch besteht aus fünf Kapiteln, die jeweils in kleinere Teilkapitel unterteilt sind, sowie einem Vorwort, in dem der Autor in das Thema und seine Forschung einführt. Und einem Epilog, welcher die Arbeit zusammenfassend abschließt. Die Kapitel führen chronologisch durch die verschiedenen Lebensabschnitte des Nürnberger Scharfrichters und werden dabei in den historischen Kontext der Gesellschaft der Frühen Neuzeit eingeordnet. Die englischsprachige Originalausgabe erschien 2013 unter dem Titel „The Faithful Executioner. Life, Death, Honor and Shame in the Turbulent Sixteenth Century". Die deutschsprachige Ausgabe erschien 2014.

Die grundlegende Quelle der Monographie bildet das Arbeitstagebuch des Meisters Frantz. Es beinhaltet jede Handlung seines 45-jährigen Berufslebens, von 1573 bis 1618. Nach seinem Tod entstanden, auf Grundlage des inzwischen verlorengegangenen Originals, mindestens fünf Abschriften. 1801 und 1913 erschienen erstmals zwei gedruckte Exemplare, sowie eine gekürzte Version aus dem Jahre 1928. Später folgten weitere Auflagen der beiden deutschsprachigen Versionen. Dem Autor fiel das Tagebuch erstmals in einer Buchhandlung in Nürnberg in die Hände. Dies verleitete den Wissenschaftler dazu das Buch zu nutzen, um die vier Jahrhunderte alte Lebensgeschichte des Verfassers zu rekonstruieren und sie in die Gegebenheiten und Umstände der Gesellschaft jener Zeit einzubetten. Dabei merkt der Autor jedoch selber an, dass Frantz Schmidt nicht der einzige Henker der damaligen Zeit war, welcher sein Tagewerk dokumentierte. Jedoch der Einzige, der es in dieser Sorgfalt und über einen so bemerkenswert langen Zeitraum hinweg tat. Harrington verglich während seiner Studie die verschiedenen Texteditionen, um ein genaueres Bild über die wahre Intention des ursprünglichen Verfassers zu erschließen und die später hinzugefügten Details der Editoren herauszufiltern. Er geht davon aus, dass die ursprüngliche Version nicht zur Veröffentlichung für die Nachwelt gedacht war.[4]

Harrington nutzt jedoch weniger eigene unerforschte Quellen, um die Gesellschaft der Frühen Neuzeit darzustellen, als vielmehr bereits publiziertes Wissen. Über das Leben des 16. Jahrhunderts, aber auch speziell über Henkersfamilien in dieser Zeit, gibt es

---

[4] Harrington 2014: S. 13-18.

bereits zahlreiche Veröffentlichungen. Auch einige Versionen der Abschriften wurden Auszugsweise in wissenschaftlichen Forschungen behandelt.[5]
Den roten Faden, welcher den Leser durch das Buch begleitet, bildet die Frage, wie es dem Protagonisten gelang die Ehre seiner Familie wiederherzustellen. Harrington zieht bei seinen Erklärungen immer wieder Vergleiche durch Daten und Fakten zwischen der heutigen und der damaligen Gesellschaft. Wie veränderte sich ihre Sichtweise und warum? Dabei gleicht das Werk eher einer biographischen Nacherzählung. Eine spezifische Fragestellung, sowie eine klassische Argumentationsstruktur lassen sich dabei nicht erkennen. Als weitere Quelle und gleichzeitig als Grundlage seiner These, Frantz und sein Vater hätten sich zur Lebensaufgabe gemacht die Familienehre wiederherzustellen, dient die Bittschrift, die Frantz Schmidt an Kaiser Ferdinand II. verfasste. Diese These kann jedoch nicht eindeutig belegt werden und beruht weitgehend auf Spekulationen des Autors. Unterstützt wird die Monographie durch vom Autor ausgewählte Zitate und Illustrationen, welche der Veranschaulichung von bestimmten Sachverhalten dienen. Das folgende Kapitel beinhaltet einen inhaltlichen Bericht der Monographie, welcher die wichtigsten Teilergebnisse der Studie vorstellt.

3. Inhaltlicher Bericht

Im ersten Kapitel, mit dem Titel der „Lehrling", wird über die Kindheit und Jugend, sowie die Gegebenheiten, wie Meister Frantz zu seinem Beruf kam, berichtet. Ebenfalls werden sozialgeschichtliche Aspekte über die Umstände des Lebens im 16. Jahrhundert dargelegt.[6]

Die Menschen der Frühen Neuzeit lebten unter der ständigen Angst vor natürlichen und übernatürlichen feindlichen Kräften, vor oftmals tödlich endenden Krankheiten und Seuchen und vor übermäßiger Gewalt und Gefahr durch die Böswilligkeit oder Fahrlässigkeit der Mitmenschen. Durch viele Fehl- und Todgeburten, die hohe

---

[5] Groebner, Valentin, Rezension zu: Die Ehre des Scharfrichters. Meister Frantz oder ein Henkersleben im 16. Jahrhundert, in Frankfurter Allgemeine Zeitung. 09.07.2014; Kästner, Alexander, Rezension zu: Joel F. Harrington, Die Ehre des Scharfrichters. Meister Frantz oder ein Henkersleben im 16. Jahrhundert, in: Zeitschrift für Historische Forschung, Bd.: 42, 2015, S. 785-787; Kürbis, Holger, Rezension zu: Joel F. Harrington, Die Ehre des Scharfrichters. Meister Frantz oder ein Henkersleben im 16. Jahrhundert, in: Zeitschrift für Geschichtswissenschaft, Bd.: 7/8, 2014, S. 945-947.
[6] Harrington 2014: S. 27-81.

Kindersterblichkeitsrate, massiv grassierende Seuchen und Krankheiten und existenzbedrohende Missernten, ausgelöst durch die extreme Witterung zu dieser Zeit, stieg der Hunger und die Not der damaligen Bevölkerung exponentiell, was zu einem hohen Maße an Kriminalität in allen Bereichen führte. Somit wurde das Leben von einer stetigen Angst begleitet, ausgelöst durch traumatische Erlebnisse. Diese frühzeitlichen Lebensumstände der Bevölkerung können natürlich nicht die vollständige Erklärung für die ausgeprägt grausamen Maßnahmen der Obrigkeit der damaligen Zeit sein. Jedoch die zwar dankbare aber auch abneigende Haltung gegenüber der Scharfrichter verständlich machen. Der Wunsch nach Sicherheit, Recht und Ordnung war groß und die weltlichen Obrigkeiten teilte diesen, sowohl aus dem Grund, ihre Bevölkerung zu schützen, als auch um ihre Autorität zu sichern. Die pedantische Verfolgung von Straftaten war die effektivste Methode, um die vorherrschende Regierung zu etablieren und legitimieren. Um dies zu erreichen, war die Tätigkeit des Scharfrichters obligat für die Gesellschaft und ihre Ordnung der damaligen Zeit. Die „Ritualisierte Gewalt"[7] des Scharfrichters erfüllte den Wunsch nach Vergeltung, bekämpfte die Gefahr, welche von dem Verbrecher ausgegangen war und zeigte eine im hohen Maße abschreckende Wirkung. Die oft aufwendig inszenierten und zumeist grausamen öffentlichen Hinrichtungen verliehen den Anschein einer intakten gerechten und sicheren Gesellschaft.[8] Zusätzlich sollte der Beruf des Scharfrichters dafür sorgen, die Ausübung von Blutrache einzudämmen, wie sie seit den Tagen des römischen Reiches praktiziert wurde.[9]

In dieser extrem standesbewussten Gesellschaft bemühten sich Frantz und sein Vater ein Leben lang, ihre Familie des ausgestoßenen Standes der Scharfrichterfamilien, wieder in die Gesellschaft einzugliedern.[10] Wie es zu dieser Zeit üblich war, gab es für Frantz Schmidt keine Möglichkeit einen anderen Beruf als den des Schafrichters zu erlernen und so wurde die Ausgrenzung und damit einhergehende lebenslange Erniedrigung über Generationen weitergegeben.[11] Durch eine unglückliche Begebenheit, wurde Frantzens Vater Heinrich Schmidt, aus dem Leben eines ehrbaren und angesehenen Försters, zum verhängnisvollen Schicksal eines Scharfrichters degradiert. Er ging ebenfalls der traditionelle Nebentätigkeit des Wunderheilers nach,

---

[7] Ebd.: S. 42.
[8] Ebd.: S.29-42.
[9] Ebd.: S. 57.
[10] Ebd.: S. 45.
[11] Ebd.: S 72.

wie es für Scharfrichter der damaligen Zeit oft üblich war.[12] Die Entstehung eines globalen Marktes in der zweiten Hälfte des 16. Jahrhunderts, sorgte für schwerwiegende Folgen für die traditionellen Handwerksberufe und deren Produkte.[13] Zusätzlich wurde das Leben für die weniger angesehenen Berufe, durch die strenge soziale Rangordnung der Gesellschaft, beeinträchtigt. An Festtagen oder beliebigen gesellschaftlichen Anlässen wurde Familien, wie die von Frantz, ausdrücklich die Teilnahme untersagt.[14]

Im Spätmittelalter kam es zu einer Art Intervention der Obrigkeit in der Strafjustiz. Ihre Souveränität wurde dadurch gestärkt, dass bisher privat geregelte Sachverhalte nun durch Vorschriften geregelt wurden. Dies sollte dafür sorgen die Rechtsprechung zu sichern und der Stadt zu einer höheren Produktivität und einem größeren Handlungsspektrum zu verhelfen. Ein weiteres Element dieser Intervention war eine junge Generation akademisch geschulter und reformorientierter Juristen, welche den Gesetzesapparat umstrukturierten und ihm mehr Komplexität und Professionalität verliehen. Die Anstellung, als ständiger städtischer und ausgebildeter Angestellter, wertete das Ansehen und die Stellung des Henkers zumindest theoretisch etwas auf und stärkte seine Legitimität. Zusätzlich unterstütze es das Gefühl der Sicherheit vor Ort. Dies war jedoch nicht in jeder deutschen Stadt der Fall. Bis ins 18. Jahrhundert arbeiteten Henker auf Honorarbasis. Der Fürstbischof von Bamberg und die Reichstadt Nürnberg, welche Frantzens Arbeitgeber waren, setzten sich jedoch schon früh für die Etablierung des neuen deutschen Stadtrechts und somit für die Einführung eines ständig angestellten Schafrichters ein. Das durch diese Bewegung etablierte Gesetzesbuch nannte sich *Carolina* und vereinte das innovative, einheitliche römische Recht der neuen Juristen mit der misstrauischen und eher konservativen Haltung der weltlichen Obrigkeit, gegenüber neuen Gesetzen.[15]

Die Vorstellung einer Strafe durch Verbannung oder langjährige Haft erschienen den damaligen Gesellschaft als zu grausam und kostspielig und sorgte dafür, dass der Beruf des Henkers noch mehrere Jahrhunderte erhalten blieb. Zusätzlich machte das neue Gesetzbuch das Gewerbe des Meisters Frantz und seinen Berufsgenossen zu einem unverzichtbaren Element des Gerichtssystems. Die höhere Bezahlung durch die juristischen Reformen, sowie die größere Akzeptanz durch die Notwendigkeit eines

---

[12] Ebd.: S. 45-51.
[13] Ebd.: S. 53-54.
[14] Ebd.: S. 54-56.
[15] Ebd.: S. 58-61.

Scharfrichters, brachten höhere gesellschaftliche Anforderungen mit sich. Die Öffentlichkeit erwartete von ihrem städtischen Henker Frömmigkeit, Gesetzestreue, und Ordentlichkeit. Bei nur kleinen Abweichungen konnte ein Scharfrichter sofort entlassen und selbst schnell verurteilt werden. Auch wenn die Legitimität des Schafrichters durch das Gesetz gesichert wurde, ging die Anerkennung für diese Profession nur sehr mühsam voran. Die festverankerten Vorurteile, dass Henker allein durch ihre Berührung andere verunreinigen konnten, hielten sich standhaft.[16] Durch die gesellschaftliche Ausgrenzung kam es dazu, dass Scharfrichterfamilien meist nur untereinander verkehrten, es entstanden regelrechte Dynastien. Regelmäßig organisierte Zusammenkünfte dieser Gemeinschaft waren keine Seltenheit. Die berühmteste deutsche Versammlung war das sogenannte Kohlenberger Gericht. Eine ausgelassene Feierlichkeit mit außergewöhnlichen Ritualen, Speisen und Getränken und dem Austausch von Geschichten. Ein Besuch einer solchen Festlichkeit wird in Meister Frantz Tagebuch nicht erwähnt. Daher vermutet der Autor, dass er und sein Vater an keiner beiwohnten, da eine Zusammenkunft dieser Art negativ assoziiert wurde und die Ausgrenzung aus der Gesellschaft noch einmal verdeutlichte.[17]

Das zweite Kapitel, „Der Wandergeselle", handelt von der Zeit nach Frantz Schmidt bestandener Gesellenprüfung, in der er im Alter von 19 bis 24 Jahren durch die Lande reiste und als Henker auf Honorarverdienst arbeitete. Mit dem Wunsch sich einen Namen zu machen und dem Ziel einer Festanstellung. Die Einträge zu seinen Jahren als Wandergeselle wurden von dem jungen Scharfrichter nur sehr kurz gefasst. Die Aufzeichnungen der ersten fünf Berufsjahre, wurden von Frantz rückwirkend vorgenommen.

In der zweiten Hälfte des Kapitels werden die gängigen Hinrichtungsmethoden der damaligen Zeit vorgestellt, sowie der detailgenaue Ablauf einer inszenierten Hinrichtung, von der Verurteilung bis zum Galgen. Eine besonders grausame und langwierige Art der Hinrichtung war das Rädern. Bei diesem Verfahren wurde der Verurteilte entkleidet, musste sich auf den Boden legen und wurde angepflockt, während unter seine Gelenke Hölzer gelegt wurden, damit sie besser brachen. Je nachdem ob die Obrigkeit gnädig war, begannen die Schläge mit dem Wagenrad am oberen Teil des Körpers – also am Kopf, Hals oder Herz – für einen schnellen Tod, oder von unten nach oben, was für einen langsamen und qualvollen Tod sorgte. Für

---

[16] Ebd.: S. 65-69.
[17] Ebd.: S. 76-79.

den Henker war das Rädern, sowie das noch seltenere praktizierte Vierteilen ein psychischer und physischer Kraftakt und erforderte ein hohes Maß an nervlichem und handwerklichem Geschick. Solch drastische Demonstrationen von Straftaten sollten der Abschreckung dienen, Gesetzesstärke und Autorität vermitteln und ein Ventil für den gemeinschaftlichen Zorn bieten. Diese Inszenierungen beeinflussten natürlich gleichzeitig das abschreckende Bild, welches die Menschen von einem Henker hatten.

In seinen Einträgen konzentriert sich Frantz zunächst weniger auf das Beschreiben der Vollstreckung der Strafen, als vielmehr auf die Tat, die der Verurteilte verübt hatte, um manches harte Urteil zu erklären und zu legitimieren und sich selbst in seinem Handeln zu bestätigen. Frantzens Aufgabe in seinen Jahren als Wandergeselle bestand darin, durch sein professionelles Können und seine persönliche Integrität die maßgeblichen Justizorgane zu beeindrucken und sich somit einen Namen, als ehrlicher, frommer, zuverlässiger und verschwiegener Diener des Gesetzes, zu machen. Gleichzeitig war es geboten sich zunächst von der ehrbaren Gesellschaft fernzuhalten.[18]

Auf seinen Reisen begegnete Frantz allen Schichten der Gesellschaft. Er konnte sie nur anhand ihrer Kleidung und ihres Fortbewegungsmittels einer gesellschaftlichen Gruppierung zuordnen. Für den jungen Wandergesellen galt es, sich nicht mit dem unehrenhaften »fahrenden Volk«[19] in Verbindung bringen zu lassen, um entgegenzuwirken mit ihnen zu einer Kategorie zusammengefasst zu werden. Zu dieser Gruppe gehörten die Hausierer, Kesselflicker, Lumpensammler, Schlachter, Abdecker, aber auch die Gaukler, wie zum Beispiel Schauspieler und Akrobaten. Das Fernhalten von unverheirateten Männern seines Alters gehörte ebenfalls zu der enthaltsamen Lebensweise eines ehrgeizigen und frommen Gesellen. Dabei spielte es keine Rolle, ob sie von ehrlichem oder zwielichtigem Gemüt waren. Männerfreundschaften beinhalteten den übermäßigen Genuss von Alkohol, Frauen, Sport, Glücksspielen und allerhand gewalttätigem und unzuträglichem Verhalten. Um den angestrebten guten Ruf nicht zu gefährden, legte er in diesen jungen Jahren den Eid ab, keinen Tropfen Alkohol zu sich zu nehmen. Den Quellen nach, brach er diesen Eid nie. Die Einsamkeit in den Jahren als Wandergeselle wurde dadurch verstärkt, dass es für einen jungen Mann seines Berufstandes keine Möglichkeiten gab, eine Frau kennenzulernen. Die Töchter der Männer mit einem ehrbaren Handwerksberuf mieden

---

[18] Ebd.: S. 83-89.
[19] Ebd.: S. 90.

ihn und der Verkehr mit Prostituierten oder anderen losen Frauen hätte für die Schädigung seines Rufes gesorgt.[20]

Um eine Festanstellung zu erlangen, perfektionierte er die zwei Gebiete der Strafverfolgung, des Verhörens und des Strafens. An dieser Stelle des Buches stellt der Autor noch einmal die Frage, wie kam es zu der offensichtlichen Grausamkeit der Strafjustiz der Frühen Neuzeit? Über seine genauen Verhörmethoden hinterließ Frantz Schmidt keine detaillierten Aufzeichnungen. An den wenigen Stellen, an denen er über die Folter schrieb, war er davon überzeugt, dass der jeweilige Verdächtige definitiv eine Schuld trug. Es ist anzunehmen, dass er die selben Methoden anwandte, wie zu späterer Zeit in Nürnberg, welche festgelegten Abläufen folgten. Dem Arbeitstagebuch ist jedoch zu entnehmen, dass der Scharfrichter zunächst immer auf die psychische Folter zurückgriff, bevor er physische Maßnahmen anwandte. Ein sadistischer Charakter ist daher eher auszuschließen. Die Folter galt für ihn als notwendiges Übel. So wie heute die Inhaftierung eines Verurteilten die gängige Strafe darstellt, so galt sie damals als besonders grausam.

Frantz Schmidt war ein Scharfrichter und ein Scharfrichter befolgte Befehle. Jedoch hatte er einen gewissen Spielraum, welchen Frantz oftmals nutzte. Er gebrauchte sein offizielles Vorrecht, auf Foltermethoden zu verzichten, oder die Folter gänzlich abzubrechen. Dies verlieh dem Henker eine gewisse Entscheidungsbefugnis, wenn er Zweifel an einer Verurteilung hegte. Auch an dieser Stelle stellt der Autor erneut eine Frage, danach ob Frantz jemals Zweifel an unter Folter gemachten Geständnissen hatte. Doch auch diese Frage lässt sich nicht durch das Tagebuch beantworten.[21]

Ein weiterer Grund für die Härte und Grausamkeit mit welchen Verbrechen zu jener Zeit bestraft wurden, war die Annahme, dass ungesühnte Straftaten den Zorn Gottes auf sich zögen und zu sogenannten Landesstrafen führen könnten. Wie zum Beispiel einer Überschwemmung oder einer Seuche. Noch weit bis ins 18. Jahrhundert wurde die demonstrative und unerbittliche Durchsetzung von Recht und Ordnung und ihren grausamen Methoden mit dem Verweis auf den himmlischen Vater gerechtfertigt, dem man eine konsequente Strafverfolgung schuldig war.[22]

Als Frantz Schmidt 23 Jahre alt war, gelang ihm der erste große Durchbruch. Sein Vater, Heinrich Schmidt, hatte es schon früh auf das Amt des Nürnberger Scharfrichters abgesehen. Dieser Posten galt als angesehenste Anstellung für einen

---

[20] Ebd.: S. 88-95.
[21] Ebd.: S. 95-107.
[22] Ebd.: S. 107f.

Henker, welche mit positiver Prestige und einer außergewöhnlich hohen Vergütung verbunden war. Nachdem viele Versuche Heinrich Schmidts, sich auf die Stelle zu bewerben, fehlgeschlagen waren, entwickelte er – wie vom Autor vermutet – eine Strategie, um seinem Sohn dieses Amt zu ermöglichen. Lienhardt Lippert, welcher das Amt des Scharfrichters zu Nürnberg innehatte, heiratete Frantz Schmidts Schwester Kunigunda, die bei ihm als Haushälterin angestellt war. Als Lippert erkrankte bereitete es ihm Schwierigkeiten seine Arbeit als Scharfrichter ordnungsgemäß zu verrichten. Die durch seine Krankheit ausgelösten Unzulänglichkeit, in Bezug auf die Ausführung der Hinrichtungen, wurden lange vom Rat geduldet, da ein erneuter Wechsel des Amtsträgers vermieden werden sollte. Als die Krankheit weiter fortgeschritten war, bot der Nürnberger Henker seinen Schwager als Alternative an, um ihn bei einer Hinrichtung zu vertreten. Sechs Monate lang arbeitete Frantz Schmidt auf Honorarverdienst für die Stadt Nürnberg. Wenige Monate später gab Lippert sein Amt ab, da er – nach eigenen Angaben – durch seine Krankheit zu schwach war, um seine Arbeit ordnungsgemäß auszuführen. Noch am selben Tag wurde Frantz Schmidt zum neuen Scharfrichter der Stadt Nürnberg ernannt. Am Ende des zweiten Kapitels werden abermals viele Spekulationen über die inneren Regungen des Henkers und seines Vaters aufgestellt und über die Intention des jungen Henkers ein Arbeitstagebuch zu beginnen.[23]

Unter den Scharfrichtern des 16. Jahrhunderts war eine eher kurze Amtszeit der Regelfall, da sie eine Neigung zur Gewalt, oder körperlichen Gebrechen aufwiesen. Vier von Frantzens Vorgängern wurden aufgrund von Gewalttaten entlassen und verurteilt, zwei weitere – darunter auch sein Vorgänger Lippert – mussten das Amt wegen einer Krankheit niederlegen. Neben seiner Empfehlung durch seinen Vorgänger, spielten also auch Frantz junges Alter und sein Ruf, als frommer, verlässlicher und nüchterner Mann eine große Rolle bei seiner Ernennung des städtischen Scharfrichters. Die Berufserfahrung und die Geschicklichkeit die dem jungen Henker nachgesagt wurde, machten ebenfalls großen Eindruck beim Nürnberger Rat, welcher sich von ihm die Stabilität und Ernsthaftigkeit versprach, welche es seinen Vorgängern gefehlt hatte.

Achtzehn Monate nach seiner Amtsaufnahme verlobte sich Frantz Schmidt mit der 34-jährigen Halbwaisin Maria Beckin. Sie war Tochter eines verstorbenen Lagerarbeiters

---

[23] Ebd.: S. 141-143.

und hatte drei Schwestern im heiratsfähigen Alter. Unter diesen Umständen und ohne eine Mitgift kam für sie auch eine Heirat mit einem Henker in Frage. Ob die Ehe eine reine Zweckehe für die beiden Beteiligten bedeutete, oder auch echte Gefühle zwischen ihnen herrschten, ist nicht zu erschließen. Jedoch hatte die Eheschließung, die wenige Wochen nach der Verlobung im Haus des Henkers stattfand, für beide Seiten eindeutige Vorteile. Ihr Haus befand sich – was unüblich für die damalige Zeit war – innerhalb der Stadtmauern. Jedoch in einer Gegend mit weiteren „schändlichen" Gebäuden wie der Schlachterei, dem Schweinemarkt und dem Gefängnis. Jedoch durften alle geborenen Kinder der Familie in einer Kirche getauft werden. Die Heirat und Gründung einer Familie stellte für den jungen Henker die Basis dar, welche er benötigte, um die Ehre seiner Familie wiederherzustellen. Der wichtigster Gehilfe, „Löwe" genannt, spielte – nach Ansichten des Autors – eine große Rolle bei dem Vorhaben, die Familienehre wiederherzustellen. Frantz Schmidt pflegte zu seinen beiden Gehilfen, welche er im Verlauf seines Berufslebens hatte, eine enge und eher partnerschaftliche Beziehung, als die Untergebenen. Dennoch erledigte er alle schändlichen Aufgaben und galt als Verbindungsstück zwischen Frantz und den weniger angesehenen Personen, wie dem Abdecker, Totengräber oder Kerkermeister, sowie den für ihre Brutalität und Bestechlichkeit bekannten städtischen Schützen. Diese Tatsache brachte eine gewisse Distanz zwischen den Scharfrichter und die Menschen seines Standes. Trotz dieser Verbesserung war ein anerkannter oder ehrenhafter Ruf, der den Normen der standesbewussten Gesellschaft entsprach, nicht möglich.[24]

Die Herrschenden hatten das Privileg inne über die Ehrbarkeit des Einzelnen zu bestimmen. Sie konnten Ehre verleihen, oder sie einer beliebigen Person nehmen. Ob sie dies aus guten Gründen taten, oder aus reiner Willkür und Grausamkeit spielte dabei keine Rolle. Das persönliche Ansehen des Einzelnen war jedoch nur auf einen Akt der Selbstbestimmung zurückzuführen. Dem Autor nach, lehnte sich Frantz Schmidt gegen den allgemein akzeptierten Ständeunterschied und dessen Gegebenheiten ein Leben lang auf, indem er alle möglichen Mittel und Wege nutzte sich eine ehrbare Stellung zu verschaffen.[25]

Frantz Schmidt übte den Beruf des Scharfrichters jedoch nicht nur bereitwillig aus, sondern praktizierte ihn mit einer gewissen Leidenschaft. Er setzte sich aufrichtig für

---

[24] Ebd.: S. 155-160.
[25] Ebd.: S. 186.

die die Wiederherstellung der gesellschaftlichen Ordnung ein und empfand für die Opfer großes Mitgefühl, welches er oftmals in seinen Aufzeichnungen zum Ausdruck brachte. Der Autor spricht von einer „Kanalisierung" seiner Gefühle, in welcher er den Opfern von Verbrechen Trost durch gesetzliche Vergeltung spendete. [26]
Im Jahre 1585 starb Frantz Vater Heinrich Schmidt und wenig später auch seine Stiefmutter. Auch an dieser Stelle stellt Harrington die Frage, was vermochte der Nürnberger Henker gefühlt haben, als sein Vater starb, noch bevor sie ihr gemeinsames Lebensziel erreicht hatten? Knapp zehn Jahre später gelang Frantz Schmidt der größte gesellschaftliche Aufstieg den er bisher erzielt hatte. Der Nürnberger Rat kam seiner Bitte nach und verlieh ihm, als ersten Scharfrichter Nürnbergs, das Bürgerrecht. Bei seinem Antrag erklärte Frantz, dass er den Status nicht für die Gegenwart, sondern für die Zukunft seiner noch lebenden Kinder verbessern wolle.[27]
Das vierte Kapitel, mit dem Titel „Der Weise", behandelt die inneren Veränderungen Frantz Schmidts, welche der Autor im fortschreitenden Alter, in den Einträgen des Henkers erkannte. Frantz schmückte seine Einträge vermehrt mit literarischen Mitteln und Zeichnungen aus, sowie mit philosophische Überlegungen über die Abgründe des menschlichen Wesens. Abgesehen von seiner für das Seelenheil psychisch anspruchsvollen und oft blutrünstigen Tätigkeit, gab es noch weitere Beweggründe für den nun 46 Jahre alten Henker in Zynismus und Verbitterung zu verfallen. Trotz der finanziellen Sicherheit und dem errungenen Bürgerrecht, litten er und seine Familie weiterhin unter der gesellschaftlichen Ausgrenzung, die sein Berufsstand mit sich brachte. Nachdem schon zwei seiner Kinder verstorben waren, fielen im Jahre 1600 sein ältester Sohn und seine Frau einer erneuten Pestepidemie zum Opfer. Er war nun Witwer vierer Kinder im Alter zwischen vier und dreizehn Jahren. Über seinen damit verbundenen Kummer verlor Frantz Schmidt in seinem Tagebuch kein Wort. Auffallend waren jedoch die Einträge, welche die Faszination über Beweggründe des menschlichen Verhaltens ausdrückten, die sich nach den privaten Schicksalsschlägen häuften.[28]
Des Weiteren bietet das vierte Kapitel eine Abhandlung über die Motive von Verbrechen, zwischen denen Fratz Schmidt in seinem Tagebuch unterscheid. Er teilte sie in drei Kategorien. Verbrechen aus Niedertracht, Verbrechen aus Leidenschaft und

---

[26] Ebd.: S 187f.
[27] Ebd.: S. 202-206.
[28] Ebd.: S. 208-212.

Verbrechen aus Gewohnheit. Verbrechen die aus Niedertracht verübt wurden stellten für ihn die Schlimmste Form ihrer Art dar. Für schlichte Impulse menschlicher Schwäche, die zumeist in einer leidenschaftlichen Tat endeten, hatte Meister Frantz das vergleichbar größte Verständnis. Der größte Teil an Verbrechen wurde aus Gewohnheit begangen, meist von Wiederholungstäter. Sie wurden selten, wie verständlicherweise zu vermuten wäre, von Habgier getrieben, sondern einzig und allein vom Anreiz des Diebstahls. Diesen Verbrechen schien Frantz – nach den Einträgen seines Tagesbuchs zu folgern – die wenigste Aufmerksamkeit zukommen zu lassen. Hochstaplern allerdings, die mit einer Niedertracht und Berechnung ihre Verbrechen begingen, trat Frantz mit weniger Wohlwollen entgegen.[29] Ungeachtet des Motivs unter dem ein Verbrecher seine Taten vollzog, konnte jeder von ihnen Hoffen. Denn Meister Frantz war ein gläubiger Lutheraner der die Welt als einen bösen Ort ansah, welcher die Menschen dazu verleitete Sünden zu begehen. Frantz Schmidt war überzeugt von der Vorstellung der göttlichen Vergebung für alle, ungeachtet der Schwere ihrer Verbrechen. Dies ist jedoch nicht mit der Rehabilitierung der heutigen Zeit zu vergleichen. Vom Täter wurde ein Geständnis und die Unterwerfung vor der Obrigkeit sowie der göttlichen Autorität gefordert. Im Gegenzug konnte er irdische und himmlische Vergebung erwarten. Gnade stellte in der frühzeitlichen Vorstellung das größte Gegenstück zur Bestrafung dar.[30]

Das fünfte Kapitel widmet sich dem Beruf und Aufgabenfeld des Heilers, sowie dem Ende des Lebens von Frantz Schmidt und der Erfüllung seines Lebensziels. Sein Berufsleben lang hatte Franzt Schmidt die Nebentätigkeit des Heilers ausgeführt. Eine zunächst verblüffende Konstellation zweier Berufungen. Doch die magische Aura, die ein Scharfrichter seinem Handwerk zu verdanken hatte, machte er sich zu nutze. Die Vertrautheit mit der menschlichen Anatomie spielte dabei eine wichtige Rolle. Durch die notwendige Versorgung der Wunden von Verurteilten, hatte ein Scharfrichter die Möglichkeit sein Wissen über Heilkräuter, Salben und Knochenbrüche zu nutzen, um sich ein beachtliches Nebeneinkommen als Heiler und medizinischer Berater zu verdienen. Diese Fertigkeiten erlernte Frantz Schmidt bereits von seinem Vater.[31] Nachdem die letzten Berufsjahre des Meisters Frantz eher unspektakulär verliefen, trat er 1618, nach 45 Jahren als städtischer Scharfrichter sein Amt ab.[32] Im Frühjahr 1624

---

[29] Ebd.: S. 212-248.
[30] Ebd.: S. 248-269.
[31] Ebd.: S. 74.
[32] Ebd.: S. 308.

verfasste er eine Bittschrift an Kaiser Ferdinand II. und bat förmlich um die Wiederherstellung seiner Familienehre. Am 9. Juni desselben Jahres wurde das Gesuch, welches nicht mehr als 15 Seiten umfasste und von großen rhetorischem Geschick gezeichnet war, durch einen privaten Kurier an den kaiserlichen Hof nach Wien gebracht. Nur drei Monate später erhielt Frantz Schmidt und seine Familie die Nachricht auf die er ein Leben lang hingearbeitet hatte. Auch wenn der Kaiser selbst wohl nie Kenntnis von diesem Vorgang nahm, so erteilte der Kaiserliche Hof der Familie Schmidt ihre langersehnte Familienehre. Frantz Schmidt hatte, unter Zuhilfenahme der wohlwollenden Haltung des Nürnberger Rats, seinen Nachkommen eine ehrbare Zukunft ermöglicht. Am 13. Juni 1634 verstarb Frantz Schmidt, im Alter von 80 Jahren an einer kursierenden Seuche.[33]

4. Kritik und Einordnung in den Forschungsdiskurs

Über die Monographie „Die Ehre des Scharfrichters – Meister Frantz oder ein Henkersleben im 16. Jahrhundert" sind sich die Rezensenten weitestgehend einig. So schreibt Valentino Groebner, von der Frankfurter Allgemeinen Zeitung in seiner Buchbesprechung, dass der Kern des Werks, die Spekulationen über die Empfindungen und Gefühlswelt des Henkers bilden, welche nicht durch die vorliegende Quelle belegt werden können. Der Rezensent sieht in den Aufzeichnungen eine griffige Geschichte, die inhaltlich jedoch wenig Neues präsentiert. Positiv wird vermerkt, dass Harringtons Werk an den Stellen am überzeugendsten ist, an denen er die Aufzeichnungen des Henkers in den gesamtgeschichtlichen Kontext des Strafens, der Frühen Neuzeit, einordnet. Zusammenfassend betitelt er die Monographie jedoch als populäres Sachbuch.[34]

Doch nicht nur eine allgemein bekannte Tageszeitung kommt zu diesen Schlüssen, auch die Rezensionen der wissenschaftlichen Fachzeitschriften, wie der Zeitschrift für Geisteswissenschaften und der Zeitschrift für historische Forschung, schließen sich diesen Kritikpunkten an. Holger Kürbis sieht das größte Problem der Studie in der vom Autor gestellten Fragestellung „Was fühlte und dachte Frantz Schmidt?". Für ihn lässt sich diese ebenfalls nicht durch die zentrale Quelle – das Arbeitstagebuch des Scharfrichters – beantworten. Die Angaben zur Entstehung und Überlieferung des

---

[33] Ebd.: S. 314-324.
[34] Groebner 2014.

Werkes, sowie die Einordnung in den groben historischen Kontext werden von Kürbis als sehr dürftig empfunden. Kritisiert wird ebenfalls der Ausdruck und der auf das Nötigste beschränkte Anmerkungsapparat, sowie das Quellen- und Literaturverzeichnis, auf welches gänzlich verzichtet wurde. Ebenfalls bemängelt wird die Korrektheit der geschichtlichen Fakten, sowie die Verwendungen der Begrifflichkeit, im Hinblick auf den historischen Kontext.[35]

Ein weiterer Kritikpunkt, den der Rezensent Alexander Kästner anbringt ist, dass eines der beiden Narrative – das lebenslang verfolgte Ziel der Wiederherstellung der Familienehre – welche Harrington in seinem Vorwort benennt, auf nur einem einzigen Schriftstück basiert, nämlich der Bittschrift Frantzens an Kaiser Ferdinand II. Ebenfalls wird kritisiert, dass Harrington angibt, dass er selbst das vom Henker verfasste Schriftstück entdeckte und dieses zuvor der Forschung weitgehend unbekannt war. Die vorliegende Quelle wurde jedoch schon zuvor von namenhaften Historikern in ihren Arbeiten verwendet. Einen eingehenden und systematischen Vergleich der Editionen nahm allerdings erst Harrington vor. In der von Kästner verfassten Buchbesprechung wird ebenfalls die Sprache bemängelt und sogar als „flapsig" betitelt. Zum Ende seiner Besprechung erkennt der Rezensent jedoch an, dass es Harrington mit seinem Werk ermöglicht hat, eine breite Masse an Lesern für das Thema zu interessieren und komplexe Sachverhalte verständlich darzustellen.[36]

5. Fazit mit kritischer Würdigung

Harrington gibt mit seiner Monographie einen detailgenauen Einblick in das Leben des Henkers Frantz Schmidt und beschreibt gleichzeitig die Lebensumstände der Gesellschaft des 16. Jahrhunderts und beleuchtet ihre sozialwissenschaftlichen Aspekte. Meister Frantz Leben endete zeitgleich mit dem goldenen Zeitalter für europäische Scharfrichter. Öffentliche Hinrichtungen fanden immer seltener statt und die Zahl der verhängten Todesstrafen vermerkte einen rapiden Abfall, durch die Zerstörung und Nebenwirkungen des 30-jährigen Krieges. Des Weiteren erfuhren Scharfrichter im Allgemeinen mehr Anerkennung, durch Milde waltende Rechtsorgane und dem Rückgang der öffentlichen Grausamkeit.[37]

---

[35] Kürbis 2014: S. 945-947.
[36] Kästner 2015: S. 785-787.
[37] Harrington 2014: S. 327-330.

Die Gründe für den gesellschaftlichen Wandel, weg von gerichtlicher Gewalt durch Folter beschreibt Harrington in seinem Epilog. Hierzu beleuchtet er zunächst mehrere geschichtswissenschaftliche Ansätze. Einige Historiker sprechen von einem „Zivilisierungsprozess", welcher mit dem Aufkommen einer stärkeren Empathie unter den Europäern einherging. Andere geben die Entstehung moderner Staaten in Europa als Grund an, welche ihre Kontrollmethoden veränderten. Harrington kritisiert diese Theorien, da es für die Erklärungsansätze keine empirischen Belege gibt.[38] Er gründet die Veränderungen auf zwei konkreten historischen Entwicklungen. Zum einen in der Errungenschaft der modernen Ermittlungsmethoden und ihren Technologien, sowie der alternativen Bestrafung und Rehabilitationsmöglichkeit durch Gefängnisse. Zum anderen in der grundliegenden Idee der Menschenrechte, das Recht auf die Unversehrtheit des eigenen Körpers. In diesen zwei Aspekten sieht Harrington zumindest die theoretische und gesetzliche Basis, welche eine solche Veränderung der gesetzlichen Gewalt voraussetzt. Diesen gedanklichen Fortschritt hätte die Gesellschaft der Frühen Neuzeit nicht leisten können. Umso bedenklicher merkt Harrington an, das der Schritt zurück, zu den genannten Methoden, weder weit weg, noch unvorstellbar für die heutige Menschheit erscheint. Systematische Folter und die Todesstrafe, welche noch immer weltweit in 58 Ländern praktiziert wird, existieren auch in der heutigen Zeit und verwischen bewusst die Wahrnehmung zwischen akzeptablen und inakzeptablen Maßnahmen. Seine Ausführungen zu diesem Aspekt beendet Harrington mit einer unumstößlichen Wahrheit:[39]

> „Die abstrakte Rechtsidee einer Reihe grundlegender Menschenrechte bleibt hingegen relativ neu und erstaunlich anfällig für die Bezeichnung als überflüssiger Luxus in schwierigen Zeiten; ohne Weiteres wird sie von älteren tiefer Verwurzelten Trieben verdrängt.[40]

Die behandelte Monographie ist zunächst erstmal ein lesenswertes Buch. Es veranschaulicht für fachfremde, nichtwissenschaftliche Leser geschichtliche Fakten in einem interessanten und unterhaltenden Rahmen. Während der Leser Frantz Schmidt bei seinem Lebensweg chronologisch begleitet, erfährt er viel über die Gesellschaft und Gegebenheiten des 16. Jahrhunderts. Die verschiedenen Illustrationen und Zitate bieten Abwechslung und unterstützen die dargestellten Fakten. Ein Beispiel dafür ist die Karte der Stadt Nürnberg am Ende des Buches, welche es dem Leser erlaubt sich

---

[38] Ebd.: S. 328-329.
[39] Ebd.: S. 338-340.
[40] Ebd.: S. 340.

zu orientieren und dazu anregt Meister Frantz visuell bei seinen Taten und in seinem Handeln zu begleiten.

Negativ anzumerken ist, dass die Studie keine klarerkennbare wissenschaftliche Argumentationsstruktur aufweist. Im Vordergrund steht individuell das Leben des Scharfrichters Frantz Schmidt und dessen Bemühungen die Familienehre wiederherzustellen. Dabei spekuliert der Autor an vielen Stellen sehr frei über das Gedanken- und Gefühlsleben des Protagonisten, ohne diese Überlegungen mit Quellen belegen zu können, da dieser in seinem Tagebuch keinerlei Bezug auf seine eigenen Emotionen oder Gedanken vornahm. Es findet eine Rekonstruktion einer Persönlichkeit des 16. Jahrhunderts statt, bei der – mit Hilfe der gut dokumentierten und belegten Quelle – bereits gewonnene wissenschaftliche Erkenntnisse noch einmal aufbereitet werden. Dabei ist positiv anzumerken, dass die sich wandelnde Stellung des Scharfrichters, im Hinblick auf die Entwicklung der standesbewussten Gesellschaft, sehr gut dargestellt und erläutert wird. Die hinterfragte, wahre Intention des Henkers, das Tagebuch zu verfassen überlässt der Autor jedoch ebenfalls seinen Spekulationen. Seine These, die Aufzeichnungen wären zur Wiederherstellung seiner Ehre und der Ehre seiner Familie angefertigt worden, stützt Harrington einzig und allein auf den verfassten Brief an Kaiser Ferdinand II.

Eine vermeintliche Kleinigkeit, die aber eine große Wirkung zeigt, ist die Übersetzung des Titels ins Deutsche. Der Originaltitel „The Faithful Executioner. Life, Death, Honor and Shame in the Turbulent Sixteenth Century", ist deutlich aussagekräftiger, als die daraus entstandene deutsche Übersetzung. Für mich persönlich verändert er die Erwartungen an das Buch.

Zusammenfassend ist zu sagen, dass Harringtons Werk ein lesenswertes, informatives und interessant gestaltetes Buch darstellt, jedoch meiner Meinung nach nicht dem Anspruch einer wissenschaftlich und weiterbringenden Abhandlung entspricht.

Literaturverzeichnis

Quelle:

Harrington, Joel F., Die Ehre des Scharfrichters. Meister Frantz oder ein Henkersleben im 16. Jahrhundert. München 2014.

Literatur:

Groebner, Valentin, Rezension zu: Die Ehre des Scharfrichters. Meister Frantz oder ein Henkersleben im 16. Jahrhundert, in Frankfurter Allgemeine Zeitung. 09.07.2014.

Kästner, Alexander, Rezension zu: Joel F. Harrington, Die Ehre des Scharfrichters. Meister Frantz oder ein Henkersleben im 16. Jahrhundert, in: Zeitschrift für Historische Forschung, Bd.: 42, 2015, S. 785-787.

Kürbis, Holger, Rezension zu: Joel F. Harrington, Die Ehre des Scharfrichters. Meister Frantz oder ein Henkersleben im 16. Jahrhundert, in: Zeitschrift für Geschichtswissenschaft, Bd.: 7/8, 2014, S. 945-947.

Internetquellen:

Harrington, Joel, Biographische Daten. URL: https://as.vanderbilt.edu/history/bio/joel-harrington (Zugriff: 25.09.2017, 12:14).

BEI GRIN MACHT SICH IHR WISSEN BEZAHLT

- Wir veröffentlichen Ihre Hausarbeit, Bachelor- und Masterarbeit

- Ihr eigenes eBook und Buch - weltweit in allen wichtigen Shops

- Verdienen Sie an jedem Verkauf

Jetzt bei www.GRIN.com hochladen und kostenlos publizieren